LES

ACTIONNAIRES.

Avis.

LES ACTIONNAIRES étant la propriété du Libraire POLLET, il déclare que cette pièce ne pourra faire partie du Théâtre de M. E. Scribe, publié par les Libraires Bezou et Aimé-André, qu'à compter du 22 octobre 1831, c'est-à-dire deux ans après la première représentation de ladite pièce, et que ce droit n'appartient qu'à lui, étant seul Propriétaire de tous les Vaudevilles de cet auteur.

LE LIBRAIRE POLLET *étant seul Éditeur des ouvrages de M. SCRIBE, on trouve chez lui tous les Vaudevilles de cet auteur.*

LES
ACTIONNAIRES,

COMÉDIE-VAUDEVILLE EN UN ACTE,

Par MM. SCRIBE et BAYARD ;

REPRÉSENTÉE, POUR LA PREMIÈRE FOIS, A PARIS, SUR LE
THÉATRE DE MADAME, PAR LES COMÉDIENS ORDINAIRES DE
SON ALTESSE ROYALE, LE 22 OCTOBRE 1829.

PRIX : 2 fr.

PARIS.

POLLET, LIBRAIRE,

ÉDITEUR DU RÉPERTOIRE DU THÉATRE DE MADAME,
RUE DU TEMPLE, N° 36.

1829.

PERSONNAGES.	ACTEURS.
PIFFART, spéculateur............	Mr PERLET.
GUSTAVE, son cousin, jeune avocat..	Mr ALLAN.
LABOURDINIÈRE, son compère....	Mr FIRMIN.
Mr DE KERNONEK, propriétaire...	Mr KLEIN.
ESTELLE, sa fille..............	Mlle ÉLISA FORGEOT.
Mme DESPERRIERS, sa sœur......	Mme JULIENNE.
TREMBLIN,	Mr BRIENNE.
HARDY,	Mr CHALBOS.
CRIFORT, } actionnaires,	Mr BORDIER.
CLAIRÉNET,	Mr GABRIEL.
DESPERTHES,	Mr DUPUIS.

PLUSIEURS ACTIONNAIRES.
DEUX DOMESTIQUES de Piffart.

La scène se passe à Paris dans l'appartement de Piffart.

Nota. S'adresser, pour la musique de cette pièce et pour celle de tous les ouvrages représentés sur le Théâtre de MADAME, à M. THÉODORE, Bibliothécaire et Copiste, au même Théâtre.

Vu à Paris, le 7 octobre 1829.

Le Ministre Secrétaire d'État de l'Intérieur,

Signé LABOURDONNAYE.

PARIS. — Imprimerie de DONDEY-DUPRÉ, rue St.-Louis, N° 46, au Marais.

LES
ACTIONNAIRES,

COMÉDIE-VAUDEVILLE EN UN ACTE.

Le théâtre représente un appartement richement décoré. Porte au fond.
A gauche de l'acteur, et sur le deuxième plan, la porte du cabinet
de Piffart. Du même côté et sur le devant une table couverte de
cartons et de papiers.

SCÈNE PREMIÈRE.

PIFFART, *un carnet à la main, assis auprès de la table.*

Passif, soixante mille francs... actif, rien. — Frais pre-
miers de l'entreprise... deux cent quarante mille francs...
Total : trois cent mille francs. — Qui de rien paie cent mille
écus, reste... C'est bien... l'opération est bonne... quoi qu'il
arrive, mon capital est le même, et je retombe toujours
sur mes pieds.

AIR : *On dit que je suis sans malice.*

Je n'ai plus rien, mon coffre est vide...
Loin qu'un tel aspect m'intimide,
Pour s'enrichir nul n'est, je crois,
En meilleure passe que moi.
La fortune est une infidèle ;
Et pour atteindre cette belle...
Si courir est le bon moyen,
On court bien mieux quand on n'a rien.

(Un domestique en riche livrée entre.)

Qu'est-ce ?

LE DOMESTIQUE.

Monsieur Gustave de Rennes.

PIFFART.

Qu'il entre !

(Le domestique introduit Gustave ; et sort.)

SCÈNE II.

GUSTAVE, PIFFART *.

PIFFART.

C'est Gustave, mon cousin.

GUSTAVE.

Mon cher Piffart... tu me reconnais ?

PIFFART.

Comment te trouves-tu à Paris ?

GUSTAVE.

Je suis arrivé hier de Rennes.

PIFFART.

Notre pays.   « A tous les cœurs bien nés... »
La plus vilaine ville que je connaisse... Et nos chers com-
patriotes.... têtus, querelleurs, mauvaises langues...
C'est égal... le souvenir de la patrie. J Je vois que tu as
fait comme moi... tu n'as pas pu y rester.

GUSTAVE.

Je viens pour affaires.

PIFFART.

Et ta première visite est pour ta famille.

GUSTAVE.

Non vraiment... j'ignorais ton adresse, que je comptais
demander ce matin à ton ancienne administration... et
c'est par erreur que je t'embrasse.

PIFFART.

O nature !... N'importe.

GUSTAVE.

Je devrais être ici depuis huit jours ; mais j'ai été arrêté
à Angers... ce qui me contrarie ; car chargé par un

---

* Le premier acteur inscrit tient toujours la droite du théâtre.

M. de Kernonek, un client à moi, de remettre une lettre
à sa sœur, Mme Desperriers, place Vendôme...

PIFFART.

C'est ma propriétaire... celle qui m'a cédé son appartement, et qui habite maintenant le second.

GUSTAVE.

Superbe vestibule... escalier magnifique... Je monte
au premier, je sonne... je me crois chez un ministre...
on me dit que je suis chez M. Piffart. — M. Piffart de
Rennes ? — Oui, monsieur. — Qui l'année dernière était
commis aux douanes, à cinquante louis? — Oui, monsieur.
— C'est mon cousin... Et dis-moi... comment cela t'est-il
arrivé ?

PIFFART.

Un matin, en lisant le journal... une idée heureuse...
Sans rien avoir, j'ai réuni quelques centaines de mille
francs, l'argent des autres... et, comme cela se pratique,
il m'en est resté quelque chose.

GUSTAVE.

Je t'en fais compliment; et pour un crésus tel que toi, ce
que je t'apporte va te paraître bien misérable.

PIFFART.

Qu'est-ce donc ?

GUSTAVE.

Ce que tu m'as prêté si généreusement, il y a trois ans,
en quittant le pays.... ces six mille francs.

PIFFART, *avec joie*.

Six mille francs!... ma foi, cousin, je les avais ou-
bliés... (*A part.*) Et ils viendront bien à point. (*Haut.*) A
moins que cela ne te gêne.

GUSTAVE.

Non, mon ami... je suis avocat; je commence à plaider.
Pendant ces trois années, j'ai travaillé jour et nuit pour
acquitter cette dette... Depuis, j'ai fait un petit héritage...
une dixaine de mille francs, que prudemment je viens placer à Paris, sur le grand livre.

PIFFART.

Vraiment!... Te voilà donc à la tête de cinq cents livres
de rente.

GUSTAVE.

Eh mon Dieu ! cousin, je n'ai pas d'ambition ; aussi, je
te jure bien que si ce n'était que cela, je me trouverais trop
heureux... mais il s'en faut.

PIFFART.

Que veux-tu dire ?

GUSTAVE.

Que le découragement s'est emparé de moi.... et que la
vie m'est insupportable.

PIFFART.

A ton âge.... à vingt-cinq ans !... Est-ce que par hasard
tu serais amoureux ?

GUSTAVE.

Justement : et de la plus riche héritière de Bretagne.

PIFFART.

Rien que cela ?

GUSTAVE.

La fille de M. de Kernonek, que pendant deux ans, à Rennes, j'ai vue presque tous les jours... car, grâce au ciel, son
père avait des procès... mais, par malheur, je les ai tous
gagnés... Depuis un mois Estelle est ici à Paris, chez
Mme Desperriers, sa tante... Son père doit venir la re-
joindre pour l'établir, pour la marier... que sais-je ? à
quelque banquier, quelque grand capitaliste... car, plus il
est riche, plus il veut le devenir.

PIFFART.

C'est toujours comme cela.

GUSTAVE.

Ils sont tous de même.... aussi, j'ai pris la richesse en
haine... je la déteste.

PIFFART.

Serment d'amoureux.

AIR : *J'en guette un petit de mon âge.*

Au lieu d'accuser la richesse,
Tâche, mon cher, de la mettre en défaut.
Pour cela, poursuis-la sans cesse,
Sois courageux, entêté, s'il le faut.

La fortune qu'on sollicite
Est souvent comme la beauté,
Qui donne à l'importunité
Ce qu'elle refuse au mérite.

GUSTAVE.

Pour l'importuner, encore faut-il la rencontrer... et le moyen?

PIFFART.

Ne suis-je pas là?

GUSTAVE.

Il serait vrai! tu voudrais bien me guider... te charger de mon sort?

PIFFART.

Qui servirait-on, si ce n'est sa famille? et toi, cousin, qui étais jadis mon ami, mon camarade.

GUSTAVE, *lui prenant la main.*

Tu es donc toujours comme autrefois? je craignais que la fortune ne t'eût changé... Eh bien, mon ami, si tu peux m'avancer de quoi m'établir... de quoi acheter une charge honorable... deux cent mille francs...

PIFFART.

N'est-ce que cela?... une misère! tu les auras.

GUSTAVE.

Quoi! tu pourrais me les prêter?

PIFFART.

Je ne dis pas cela... car avec toi je puis parler à cœur ouvert... J'ai dans ce moment des millions en perspective; mais pour de l'argent en secrétaire... excepté les six mille francs que tu m'apportes là, je ne crois pas qu'il y ait d'autres capitaux dans la maison.

GUSTAVE.

Mais ce logement magnifique... ce superbe mobilier?...

PIFFART.

Tout cela se doit, mon ami... Tous les gens d'affaires commencent par là. Il n'y a pas d'autre moyen d'attirer la confiance... elle ne monterait jamais à un cinquième étage... mais elle fait volontiers antichambre au premier;

et voilà où j'en suis... Je me suis lancé, il y a six mois,
dans une entreprise audacieuse que j'ai conçue et exécutée
avec mon imagination, mon activité, et les capitaux de mes
amis... J'ai doublé leurs fonds, et gagné pour ma part
soixante mille francs.

GUSTAVE.

Soixante mille francs!

PIFFART.

Tout autant... aussi je mène à Paris un train de prince...
hôtel, place Vendôme, huit chevaux dans mon écurie,
vingt amis dans ma salle à manger... loge à l'Opéra, et
tout ce qui s'ensuit... J'étais adoré, mon cher; c'était fort
amusant. Par malheur, je me suis aperçu, il y a quelques
jours, que j'en étais à mon dernier billet de mille francs.

GUSTAVE.

Mais comment vas-tu faire à présent?

PIFFART.

Le tout est de recommencer sur nouveaux frais, et j'ai pré-
venu par dessous main mes capitalistes, mes bailleurs de
fonds que je méditais une opération bien plus brillante encore que la première... opération qui exigeait le plus
grand secret, et où je n'admettrais que mes amis intimes...
Aussitôt tout le monde arrive... rien ne donne confiance
comme un premier succès; et j'ai déjà plus de demandes
qu'il ne m'en faut... Eh bien, mon ami, mon cher Gustave,
je te donne une part dans l'entreprise; je t'y associe.

GUSTAVE.

Moi, qui n'ai rien?

PIFFART.

Tu y mettras toujours autant de fonds que moi... et
pour te donner un titre brillant et solide... l'administration, réunie en ma personne, te nomme caissier.

GUSTAVE.

Moi!... et comment remplir de telles fonctions?

PIFFART.

Ce n'est pas difficile... dans ce moment surtout, tu n'as
rien à faire... mais bientôt, je l'espère...

GUSTAVE.

C'est donc une opération?...

PIFFART.

Superbe... elles le sont toutes.

GUSTAVE.

Et quelle est-elle?

PIFFART, *avec embarras.*

Mon opération?...

GUSTAVE.

Oui.

UN DOMESTIQUE, *annonçant.*

Mme Desperriers, et Mlle Estelle.

GUSTAVE.

Qu'entends-je! c'est elle.

PIFFART.

Eh bien, qu'as-tu donc?

SCÈNE III.

LES PRÉCÉDENS, Mme DESPERRIERS, ESTELLE *.

PIFFART.

Mes belles et aimables voisines... qui me procure une pareille visite?... André, des siéges.

Mme DESPERRIERS.

Non, je ne m'asseois pas... mes chevaux sont mis... nous allons sortir... Quand on fait ses affaires soi-même, et qu'on est lancé dans vingt entreprises... Je n'ai qu'un mot à vous dire; et c'est pour cela qu'en descendant j'ai voulu...

ESTELLE, *levant les yeux, et apercevant Gustave qui la salue.*

Ah! mon Dieu!

Mme DESPERRIERS, *l'apercevant aussi.*

M. Gustave... ce jeune avocat de Rennes que j'ai eu

---

* Gustave, Mme Desperriers, Estelle; Piffart.

l'honneur d'y voir l'année dernière... Comment vous trou-
vez-vous en ce pays?... comment se porte mon frère?...
nous arrive-t-il bientôt?

ESTELLE.

Nous apportez-vous de ses nouvelles?

GUSTAVE.

Oui, mademoiselle... oui, madame... j'allais me pré-
senter chez vous... mais retenu ici par un ami...

PIFFART.

Par un parent.

Mme DESPERRIERS.

Monsieur est votre parent?... Je ne croyais pas que sa
famille fût aussi riche !

ESTELLE, *avec joie.*

Ni moi non plus.

GUSTAVE.

Mais vous sortiez... je ne veux point vous retenir...
Voici une lettre dont j'étais chargé, et qui vous serait par-
venue huit jours plus tôt...

PIFFART.

Si on l'avait mise à la poste... C'est toujours comme
cela... c'est l'avantage des occasions et des exprès.

Mme DESPERRIERS, *qui pendant ce tems a lu la lettre.*

Ton père m'écrit, il y a huit jours, qu'il sera à Paris à
la fin de la semaine.

ESTELLE.

Vraiment !

Mme DESPERRIERS.

Et qu'il vient décidément s'y établir.

ESTELLE.

Ah ! mon Dieu !

Mme DESPERRIERS.

J'en étais sûre... quelle folie!... Lui, un campagnard, aban-
donner sa terre, son château... une exploitation magnifique
qu'il veut vendre, pour faire comme moi, pour briller ici,
pour m'y éclipser... Mon frère a toujours été jaloux de moi.

ESTELLE.

Ah ! ma tante , quelle idée.

Mme DESPERRIERS.

Oui, ma chère enfant... c'est là son véritable motif...
ton mariage n'est que le prétexte.

GUSTAVE, *troublé.*

Un mariage !

Mme DESPERRIERS.

Oui, il va falloir l'établir... Mais je me flatte qu'on me
consultera... car une tante... à succession a voix délibé-
rative. (*Regardant la montre qu'elle porte à son cou.*) Ah !
mon Dieu... une heure : il faut que je me rende chez mon
homme d'affaires , chez mon agent de change... On nous
promet une baisse pour aujourd'hui ; je veux en profiter...
(*Elle fait un pas pour sortir ; mais elle revient, et s'adressant
à Piffart qui passe auprès d'elle.*) * Et le but de ma visite...
j'oubliais... l'appartement du rez-de-chaussée est vacant
ces jours-ci ; et comme vous vous plaigniez dernièrement
de n'avoir point de place pour les bureaux que vous voulez
créer...

PIFFART.

Il est vrai... et j'accepte avec grand plaisir...combien ?

Mme DESPERRIERS.

AIR : *Vaudeville du printems.*

Mais je le louais, tout compris,
Douze mille francs par année.

PIFFART.

C'est bien... peu m'importe le prix,
C'est une affaire terminée.

Mme DESPERRIERS.

Les six mois d'avance , en entrant,
C'est l'usage.

PIFFART.

Il est des plus sages.

Mme DESPERRIERS.

Non pas que je tienne à l'argent.

PIFFART.

Mais madame tient aux usages.

---

* Gustave, Mme Desperriers, Piffart, Estelle.

Vous dites : six mois d'avance... c'est six mille francs...
mon caissier va vous les donner... Gustave, payez madame.

Mᵐᵉ DESPERRIERS.

Comment, monsieur est votre caissier?

PIFFART.

Mieux que cela... un de mes associés dans ma nouvelle
opération.

ESTELLE.

Il serait possible !

Mᵐᵉ DESPERRIERS.

M. Gustave que je connais si sage, si prudent, qui même
dans les affaires de mon frère n'osait rien risquer... Il
faut donc que l'entreprise offre des avantages si évidens...

PIFFART.

J'ose m'en flatter.

Mᵐᵉ DESPERRIERS.

Et j'ai, à ce sujet, des reproches à vous faire... Vous
savez que j'ai des fonds, des capitaux que je fais valoir; et
vous ne me dites rien... vous êtes d'une discrétion...

PIFFART.

Nécessaire au succès... et puis l'affaire peut offrir des
chances.

Mᵐᵉ DESPERRIERS.

Aucune, j'en suis sûre... et ce sera comme votre dernière... tout bénéfice.

PIFFART.

Je le crois... aussi je veux bien m'y exposer... mais
exposer les autres!... à moins que ce ne soit des amis intimes... et puis toutes nos actions, qui n'étaient que de deux
mille francs, sont déjà retenues.

Mᵐᵉ DESPERRIERS.

Sont-elles livrées?

PIFFART.

Pas encore, puisque l'assemblée préparatoire n'a pas
même eu lieu.

Mme DESPERRIERS.

Eh bien, il m'en faut... j'en veux... je l'exige... dus-
siez-vous m'en donner des vôtres!... sinon, nous nous fâ-
cherons... j'en prends vingt-cinq...D'autres les ont retenues,
moi je les paie... Monsieur, votre caissier peut garder les
deux mille écus. (*En ce moment Gustave passe auprès d'Estelle
et se trouve placé entre elle et Piffart.*) * Et dans une heure,
vous aurez le surplus, les quarante-quatre mille francs qui
restent, et que je vais dire à mon agent de change de vous
envoyer.

PIFFART.

Si vous le voulez absolument... je vais préparer la quit-
tance.

Mme DESPERRIERS.

A la bonne heure.

PIFFART.

Et, à votre retour, nous causerons de l'affaire avec nos
actionnaires.

Mme DESPERRIERS.

Adieu, monsieur... Adieu, mon cher caissier.

AIR *de la valse de Robin des Bois.*

Souvent nous nous verrons, j'espère.

PIFFART.

Toujours ; car il loge avec moi.

ESTELLE.

Monsieur est aussi locataire?

PIFFART.

Il le faut bien ; par son emploi,
C'est trop juste.

GUSTAVE.

J'y crois à peine.

PIFFART.

Parfois un caissier peut partir
Au moment où sa caisse est pleine,
Jamais quand elle va s'emplir.

* Mme Desperriers, Piffart, Gustave, Estelle.

ENSEMBLE.

PIFFART.

Souvent vous le verrez, j'espère,
Dès ce jour il loge avec moi;
Oui, près de votre locataire
Il est fixé par son emploi.

GUSTAVE.

Souvent je vous verrai , j'espère.
Madame, quel bonheur pour moi
Que près de votre locataire
Je sois fixé par mon emploi!...

Mᵐᵉ DESPERRIERS, ESTELLE.

Souvent nous vous verrons, j'espère,
Puisque dès aujourd'hui je voi
Que près de notre locataire
Vous allez remplir un emploi.

*(Piffart donne la main à Mᵐᵉ Desperriers, Gustave à Estelle,
et ils les reconduisent jusqu'à la porte.)*

SCÈNE IV.

GUSTAVE, PIFFART.

GUSTAVE.

Je n'en reviens pas... je suis encore tout étourdi... et
je ne sais seulement pas où nous allons.

PIFFART.

C'est que tu n'as ni l'habitude ni le génie des affaires...
Voilà comme on les mène... Cette fois cependant cela va
plus vite que je n'aurais voulu... car je n'étais pas encore
en mesure... mais n'importe... le sort en est jeté... ce n'est
pas moi qui reculerai.

GUSTAVE.

Moi, ton caissier!... moi, demeurer ici, sous le même
toit qu'Estelle... je crains que ce ne soit un rêve... Dis-
moi donc, si tu as assez de confiance en moi, quelle est
cette nouvelle conception de ton génie!... cette bienheu-
reuse spéculation qui doit faire ta fortune et la mienne!

PIFFART , *regardant autour de lui.*

Personne ne peut nous entendre... Je t'avouerai franchement que c'est là mon seul embarras... je ne sais pas encore quelle entreprise... j'entreprendrai.

GUSTAVE.

Il serait possible !

PIFFART.

Je cherche depuis huit jours... je n'ai encore rien de décidé , rien d'arrêté... il est si difficile de trouver du neuf !

GUSTAVE.

Tu as perdu la tête.

PIFFART.

Non , vraiment.

GUSTAVE.

Comment s'associer à une entreprise qu'on ne connaît point ?

PIFFART.

On la connaîtra... dès que je l'aurai trouvée. Je ne force personne... je joue , les cartes sur table... et puisqu'il faut ici te faire ton éducation financière, apprends que toutes les opérations du monde se réduisent à deux mots : *acheter* et *vendre*... Vous achetez bon marché , vous vendez très-cher... voilà le secret du commerce.

GUSTAVE.

Et payer ?

PIFFART.

Payer !... si tu t'inquiètes de cela, tu ne feras jamais rien... le génie crée, invente... mais il ne paie pas... cela ne le regarde pas... il y a des gens pour cela.

GUSTAVE.

Et qui donc?

PIFFART.

Des contribuables... Matière imposable et corvéable à volonté, et que de nos jours on appelle *actionnaires*.

GUSTAVE.

Que dis-tu?

PIFFART.

Sans avoir un écu j'achète demain un terrain , un théâtre,

2

une rue, un passage... tout un quartier... Il s'agit de payer... tu emprunterais, toi?...

GUSTAVE.

Sans doute.

PIFFART.

Erreur... tu demanderais de l'argent, personne ne t'en donnerait... tu crées des actions... et de tous les coins de Paris on accourt, on se dispute, on se les arrache... on t'offre de l'or... on te presse d'accepter... ne l'as-tu pas vu, tout à l'heure encore?

GUSTAVE.

Quoi! exposer leur fortune sans d'autres motifs... sans raison !

PIFFART.

Y a-t-il de la raison autour d'une table de jeu?... et cependant on y court.

GUSTAVE.

Mais toi qui parles, ne t'exposes-tu pas au même danger?... ne peux-tu pas comme eux être victime?

PIFFART.

Sans contredit...

AIR : *A soixante ans.*

En s'élevant, je sais qu'on dégringole.
    La roche tarpéienne, hélas!
Est, on l'a dit, bien près du Capitole.
Un tel danger ne m'arrêtera pas.
Que terre à terre un commençant culbute,
Chacun insulte à son obscur malheur ;
Moi, je saurai tomber avec honneur.
Si dans Paris on estime la chute,
    C'est en raison de la hauteur.

Car vois-tu, mon ami Gustave, on s'habitue bien vite à l'opulence, et maintenant que depuis quelques mois j'ai essayé de la fortune, je ne saurais plus être pauvre... J'aime l'argent, il m'en faut, j'en veux... non pour thésauriser, mais pour le semer, pour le dépenser... Sans cela autant ne pas vivre... Aussi, j'y suis décidé... Je parviendrai... j'en ai le pressentiment... Cet or que l'on me confie doublera entre mes mains... je ferai leur fortune et la mienne.

GUSTAVE.

Et si tu perds tout?

PIFFART, *souriant.*

Crois-tu que je n'y aie pas pensé, et que je n'aie pas cal_culé cette chance-là?

GUSTAVE.

Eh bien! qu'est-ce que tu feras?

PIFFART.

Je me brûlerai la cervelle... et nos actionnaires n'au_ront rien à dire... J'y aurai perdu... pas grand'chose, il est vrai; mais enfin autant qu'eux... Du reste, cousin, je n'entends pas t'entraîner dans ma ruine... Je t'associe à ma fortune, s'il y en a... mais je me réserve les dangers; et quoi qu'il arrive, tu ne risques rien... que de t'enrichir.

GUSTAVE.

Je ne veux point d'un pareil partage.

PIFFART.

Aimes-tu mieux végéter toute la vie?.. perdre ta maî_tresse, la voir au pouvoir d'un autre?

GUSTAVE.

Plutôt mourir.

PIFFART.

Eh bien, alors, n'abandonne point un parent qui t'aime, qui veut faire ton bonheur, et à qui tu peux rendre service.

GUSTAVE.

Que dis-tu?

PIFFART.

Eh sans doute... un caissier honnête homme n'est pas déjà si commun... je comptais sur toi pour veiller à mes intérêts, pour les défendre... pour m'aider de tes con_seils... mais le péril t'effraie... tu refuses.

GUSTAVE.

Jamais.

AIR : *de Lantara.*

Ami, ce mot seul me décide,
Tout ce que j'ai, je le livre en tes mains.
Je suis tes pas... deviens mon guide,
Je m'abandonne à tes destins.

PIFFART.

Je te réponds d'avance des destins.
Vers la fortune avec toi je m'élance ;
Toujours unis, dans nos efforts heureux,
Nous saurons bien emporter la balance :
On pèse double, alors que l'on est deux.

Mais je ne souffrirai pas que tu exposes ton avoir.

GUSTAVE.

Je le veux.

PIFFART.

Et moi, je ne le veux pas... tu es un ami, tu n'es pas
un actionnaire... Silence ! on vient.

SCÈNE V.

LES Précédens, LABOURDINIÈRE *.

LABOURDINIÈRE

Tout va bien, mon cher patron, et je vous annonce de
bonnes nouvelles ; mais pardon, vous êtes en affaires. (*Il
se retire à l'écart.*)

GUSTAVE, *à demi-voix.*

Quel est ce monsieur ?

PIFFART, *de même, le prenant à l'écart.*

Un courtier d'affaires que je mets toujours en avant...
un coureur, un compère... il y en a en finances comme
en toute autre chose... actif, dévoué, prêt à tout ; car il
n'a rien, et me croit très-riche... du reste un homme dans
mon genre... un homme d'esprit... mais d'un esprit se-
condaire.

GUSTAVE.

Je comprends.

PIFFART.

Approchez, mon cher Labourdinière ; vous pouvez parler sans crainte devant M. Gustave, (*à demi voix*) un grand
capitaliste, qui est mon ami, mon caissier, et mon associé.

---

* Gustave, Piffart, Labourdinière.

LABOURDINIÈRE, *saluant, et d'un ton caressant.*

Monsieur, je vous fais compliment... Depuis que je suis dans les affaires, je ne crois pas en avoir vu dont les chances fussent plus évidemment productives... dont les chances...

PIFFART, *l'interrompant.*

C'est bien, c'est bien... gardez cela pour d'autres... il sait ce qui en est.

LABOURDINIÈRE, *changeant de ton.*

C'est différent... j'ai vu tout notre monde ; et d'après les bruits habilement répandus dans le public... « qu'il se » prépare en secret une opération magnifique, une opé- » ration étourdissante... peut-être même un emprunt, » ils veulent tous souscrire... moi, je réponds les choses d'usage... « Il n'y a plus d'actions... c'est bien difficile. »

PIFFART.

C'est ce qu'il faut dire.

LABOURDINIÈRE.

Mais vu qu'ils m'offrent un droit de courtage honorable... j'ai déjà promis à chacun d'eux en particulier les vingt-cinq dernières qui restaient... et j'en ai placé ainsi trois cents, dont voici les acquéreurs... (*Il donne un papier à Piffart.*) Mais je vous préviens que les principaux d'entre eux veu- lent, avant de livrer leurs fonds, causer avec vous de l'af- faire, et examiner les chances.

GUSTAVE.

C'est trop juste.

LABOURDINIÈRE.

Et je leur ai donné rendez-vous aujourd'hui, ici, à trois heures.

PIFFART.

Diable!.. il n'y a pas de tems à perdre... il faut prendre un parti... Voyons, mes amis, qu'allons-nous leur pro- poser, et à quelle entreprise nous arrêtons-nous définitive- ment? (*A Gustave.*) En as-tu une?

GUSTAVE.

Et où veux-tu que je l'aie trouvée ?

LABOURDINIÈRE.

Avec des capitaux comme les vôtres, messieurs, on n'a que l'embarras du choix... Cette entreprise hydraulique dont vous me parliez hier... pour faire arriver de l'eau dans toutes les maisons de Paris?

PIFFART.

Détestable!... c'est utile, et voilà tout... les frais prélevés, il y a tout au plus cent mille francs à gagner... cela n'en vaut pas la peine.

LABOURDINIÈRE.

Il est vrai... nous ne ferions là que de l'eau claire... Un projet tout opposé... Si nous nous lancions dans les boues de Paris?

PIFFART.

Dans la boue... il y a tant de concurrence... nous ne nous en retirerions pas... et je veux aller vite, dussions-nous verser.

LABOURDINIÈRE.

J'ai votre affaire.

AIR : *du petit Marmot.*

De peur de concurrence,
Sur la place je lance
Un *Omnibus* immense
Où l'on tiendra cinq cents.

PIFFART, *riant.*

D'honneur, rien ne lui coûte,
Et pour le mettre en route
Est-il moyen?

GUSTAVE.

Sans doute,
Avec des éléphans.
Attelage commode!

LABOURDINIÈRE.

Et puis c'est à la mode.

GUSTAVE.

Pour remplir à la ronde
Voiture aussi profonde,
Il faudrait trop de gens.

LABOURDINIÈRE.

Dans Paris, en tout tems,
On trouve du monde
A mettre dedans.

Et si cette manière là ne vous plaît pas, j'en ai une autre...
Si nous achetions tous les théâtres de Paris... ils ont tous
mis écriteau : Public à vendre ou à louer, pour le terme
prochain... y compris les acteurs, les machines et l'administration... On entrera en jouissance quand on pourra.

PIFFART.

Eh non... non, cent fois non... nos actionnaires ne se
payeront pas en chansons ; et je voudrais au moins quelque
chose qui eût le sens commun... Il y a, autour de Paris,
des terrains immenses, et presque stériles, qu'on aurait à
si bon compte.

LABOURDINIÈRE.

La plaine des Sablons, par exemple.

PIFFART, *rêvant.*

Sans doute, si l'on pouvait y créer...

GUSTAVE.

Des villages ?

LABOURDINIÈRE.

Détestable... il y en a déjà autour de Paris, une vingtaine
qui ne font rien, et qui se ruinent à attendre des villageois.

PIFFART.

Non... point cela... mais des prairies magnifiques... des
tapis de verdure qui s'étendraient jusqu'aux bords de la
Seine... cela vaudrait bien mieux.

GUSTAVE.

Certainement... Mais le moyen de changer la plaine des
Sablons en herbages de la Normandie.

PIFFART, *vivement.*

Le moyen !.. je le tiens... un moyen neuf, original,
qu'on n'a pas encore employé... qu'on connaît à peine, et
qui, par cela même, leur paraîtra admirable... un moyen,
en un mot, où ils ne verront que du feu.

GUSTAVE.

Et quel est-il donc ?

PIFFART.

Les puits artésiens... J'en établis une trentaine à six
mille francs... j'inonde la plaine... j'établis des digues...

des canaux, et je transporte la Hollande aux portes de Paris.

LABOURDINIÈRE.

Superbe!.. admirable!.. il a le génie des affaires.

PIFFART, *s'échauffant.*

Quels gras pâturages!... quels immenses troupeaux!

LABOURDINIÈRE.

Je les entends d'ici avec leurs clochettes.

PIFFART, *s'animant toujours.*

Nous construisons des étables ; nous établissons des laiteries... nous gagnons cent pour cent sur les bestiaux, dont nous approvisionnons la capitale.

LABOURDINIÈRE.

Nous avons le monopole du bifteck et des cotelettes... Nous fournissons Paris de rostbeef et de lait... du lait délicieux.

PIFFART.

Dont nous pouvons toujours augmenter le produit.

LABOURDINIÈRE.

Grâce aux puits artésiens.

PIFFART.

Voilà notre affaire.

LABOURDINIÈRE.

Nous la tenons.

PIFFART.

Et nous sommes sauvés...Viennent, maintenant, messieurs les actionnaires, nous les attendons de pied ferme.

GUSTAVE.

Un instant... votre imagination va si vite, que j'ai peine à vous suivre, et je n'y connais rien.

PIFFART.

C'est ce qu'il faut... vite le prospectus, et l'acte de société... Mettez-vous là, Labourdinière (*Labourdinière s'assied devant la table et se dispose à écrire*) et écrivez... en grosses lettres : « Entreprise générale des prairies et

» herbages de la plaine des Sablons, par le moyen des puits
» artésiens. »

GUSTAVE.

Mais, mon ami...

PIFFART.

Laisse-nous donc, tu n'entends rien à ça.

LABOURDINIÈRE.

C'est fait.

PIFFART.

«Titre premier.—Chapitre premier. De l'administration.
« — Ne voulant point grever la société d'une foule d'em-
» ployés inutiles, l'administration se composera seulement
» d'un directeur gérant, d'un caissier, d'un secrétaire, et
» de dix employés. »

LABOURDINIÈRE.

C'est le strict nécessaire.

PIFFART.

« Chapitre deux. Le directeur gérant... » c'est moi...
« aura 30,000 francs d'appointemens, payables par dou-
» zième de mois en mois. »

LABOURDINIÈRE.

C'est bien.

GUSTAVE.

Et qui les paiera?

PIFFART.

Les actionnaires... Dès qu'il y a société, la société paie.
(*Continuant à dicter.*) « Le caissier... » (*à Gustave*) c'est toi...
« aura 15,000 francs payables comme il est dit. »

GUSTAVE.

AIR : *Des Scythes.*

Y pensez-vous?

LABOURDINIÈRE.

C'est l'usage et la forme.
Et c'est toujours de même en pareil cas.

GUSTAVE, *à Piffart.*

Mais songe donc, mon ami, c'est énorme.

PIFFART.

Cela, mon cher, ne te regarde pas.
La compagnie estimable et prospère,
Sur qui ton cœur semble s'apitoyer,
N'a-t-elle pas sa caisse?... pourquoi faire?

GUSTAVE.

Pour recevoir.

PIFFART.

Eh! du tout... pour payer.

Tu n'es pas encore au fait... laisse-nous tranquilles...
(*Continuant à dicter*.) « Les dix employés qui feront toute la
» besogne, auront 1,200 francs chacun. »

LABOURDINIÈRE.

C'est beaucoup.

GUSTAVE.

C'est bien peu.

PIFFART, *gravement.*

Mon ami, il faut de l'économie, surtout dans les commen-
cemens.

LABOURDINIÈRE.

Quel administrateur! (*A Piffart.*) Mais vous oubliez le
secrétaire.

PIFFART.

C'est juste. (*Dictant.*) « Le secrétaire... »

LABOURDINIÈRE, *à part.*

C'est moi.

PIFFART.

« N'aura rien. »

LABOURDINIÈRE.

Comment? rien!

PIFFART.

« Il sera choisi parmi les actionnaires et renouvelé à
» chaque séance... il tiendra la plume, et dressera procès-
» verbal de tout : pour que la société soit bien au fait, et
» sache la première comment son argent se dépense.... »

LABOURDINIÈRE.

Il est impossible de rien voir de plus loyal... mais moi,
M. Piffart?...

PIFFART.

Plus tard... on songera à vous. (*Continuant.*) « Titre deux,
» — Du fonds social. — Le fonds social se compose de
» trois millions. »

GUSTAVE.

Trois millions !

PIFFART.

Oui, mon ami ; tout autant.

GUSTAVE.

Et qui les fournira ?

PIFFART.

Belle demande... les actionnaires... c'est leur état...
c'est pour cela qu'on les appelle...

LABOURDINIÈRE.

Sans cela on se passerait d'eux.

PIFFART, *dictant.*

« Il sera créé quinze cents actions de deux mille francs
» chacune, » (à *Labourdinière*...) que vous diviserez selon
l'usage : mille actions réelles... cinq cents *fictives* ou *rému-*
nératoires.

LABOURDINIÈRE.

Oui, monsieur.

PIFFART.

« Sur ces dernières, trois cents que la société abandonne
» au directeur gérant... et deux cents au caissier. »

GUSTAVE.

Et à quel titre ?

PIFFART.

C'est l'usage, ce n'est pas la société qui te les donne...
c'est moi... moi, qui dirige, qui mène tout, qui réponds
de tout... L'actionnaire paie, il est vrai, c'est le plus beau
de ses droits ; mais il ne peut perdre que ce qu'il a : moi je
peux perdre ce que je n'ai pas... c'est bien différent... et
on me doit pour cela une récompense... c'est l'usage.

GUSTAVE.

Qui diable s'y reconnaîtrait ? (*Vivement.*) Ah ! mon Dieu!

PIFFART.

Qu'as-tu donc ?

GUSTAVE, *à demi-voix et pendant que Labourdinière écrit*
toujours.

Voilà toute ton affaire basée sur les puits artésiens.

PIFFART.

Idée profonde, s'il en fut jamais... Vois la gare de Saint-
Ouen... je me mets en rapport avec les inventeurs, des gens
du plus grand mérite... qui découvrent de l'eau partout.

GUSTAVE.

Excepté où il n'y en a point... et s'ils déclarent qu'on
ne peut point établir de puits artésiens dans la plaine des
Sablons ?

PIFFART.

C'est, ma foi, vrai... Ah ! mon Dieu !... tais-toi !... J'ai
tant de choses dans la tête que je n'avais pas pensé à celle-
là... Va les consulter... informe-toi... examine... et
rends-moi réponse avant l'assemblée... Je rentre dans
mon cabinet, où j'achèverai de rédiger l'acte de société. (*Il
s'approche de la table, Labourdinière lui remet les papiers
qu'il vient d'écrire.*)

LABOURDINIÈRE.

Et moi, monsieur, vous n'avez pas fini ce qui me regarde.

PIFFART.

C'est vrai... Pour vous récompenser de vos soins, sur
les trois cents actions qui me reviennent, il y en a vingt que
je vous abandonne.

LABOURDINIÈRE.

Ah ! monsieur !

PIFFART.

Mais elles ne vous seront délivrées que quand toutes les
autres seront prises et placées : seul moyen de vous inté-
resser au succès de l'affaire.

LABOURDINIÈRE.

Ce diable de M. Piffart entend joliment la sienne.

GUSTAVE.

Air *des Gascons.*

Je pars, je m'informe et reviens,
Ami fidèle
Crois à mon zèle.
A l'instant même, je reviens.
Tous tes intérêts sont les miens.
Sur ces puits, sans être abusé,
Je vais connaître tout à l'heure
La vérité.

PIFFART.

C'est bien aisé,
Car on prétend qu'elle y demeure,
C'est en un puits qu'elle demeure.

GUSTAVE.

Je pars, je m'informe, et reviens,
Ami fidèle
Crois à mon zèle.
A l'instant même, je reviens.
Tous tes intérêts sont les miens.

PIFFART.

Pour t'informer, pars et reviens,
Et que ton zèle
Me soit fidèle;
Pour t'informer, pars et reviens,
Tous nos intérêts sont les tiens.

LABOURDINIÈRE.

Du courage, tout ira bien;
Grâce à mon zèle,
Toujours fidèle.
Du courage, tout ira bien,
Et vos intérêts sont les miens.

ENSEMBLE.

(*Piffart sort par la porte à droite et Gustave par le fond.*)

SCÈNE VI.

LABOURDINIÈRE, *seul.*

Homme de tête... homme capable... cela se conçoit!...
il est si riche... Moi qui n'ai rien, je ne peux avoir du génie qu'à la suite; mais patience... mon tour viendra. Il
s'agit seulement d'avoir le pied dans l'étrier... c'est-à-dire
de pousser, par tous les moyens possibles, à la vente de
nos actions... Qui vient-là?

SCÈNE VII.

LABOURDINIÈRE, DE KERNONEK.

LABOURDINIÈRE.

Que demande monsieur ?

DE KERNONEK.

Qui je demande ?... la maîtresse de la maison... ma sœur... Mme Desperriers.

LABOURDINIÈRE.

Monsieur est le frère de la propriétaire, Mme Desperriers, cette aimable capitaliste, que j'ai rencontrée tout-à-l'heure en venant.

DE KERNONEK.

Elle est sortie ?

LABOURDINIÈRE.

Elle était dans sa voiture avec une jeune personne.

DE KERNONEK.

Ma fille... il n'y aura personne à mon arrivée... comme c'est aimable ! (*S'asseyant.*) Allons, j'attendrai.

LABOURDINIÈRE.

Comme vous voudrez... mais je dois vous prévenir que Mme Desperriers ne demeure plus ici... (*De Kernonek qui s'était assis se lève.*) Elle a pris l'appartement du second, et a cédé le premier à M. Piffart... le célèbre M. Piffart... que vous connaissez sans doute.

DE KERNONEK.

Non, monsieur... je viens de la Bretagne.

LABOURDINIÈRE.

C'est donc cela.

DE KERNONEK.

Est-ce que ma sœur aurait diminué de son train de maison ?

LABOURDINIÈRE.

Non, monsieur... au contraire... lancée comme elle l'est dans les plus brillantes opérations...

DE KERNONEK.

Elle est heureuse! tout lui réussit... J'ai peut-être le double de sa fortune... eh bien! ma sœur a trouvé le moyen de m'éclipser... de briller à Paris... tandis que je végète en province.

LABOURDINIÈRE.

Végéter!... vous êtes bien modeste.

DE KERNONEK.

C'est le mot... qui est-ce qui sait que M. de Kernonek est propriétaire de six mille arpens de bois en Bretagne?... personne; excepté le percepteur des contributions, qui encore n'a pas plus d'égards pour moi que pour un membre du petit collége.

LABOURDINIÈRE.

Il serait vrai!

DE KERNONEK.

C'est comme je vous le dis... c'est une horreur... aussi, je ne peux pas rester au pays... Il faut que je vende mes propriétés, si je peux en venir à bout, et que je trouve ici quelque moyen d'employer honorablement mes capitaux...

LABOURDINIÈRE.

Il y a tant d'occasions...

DE KERNONEK.

Lesquelles?

LABOURDINIÈRE.

Tenez... sans aller plus loin... ce M. Piffart, dont je vous parlais tout-à-l'heure, et qui jouit d'une renommée européenne... il était comme vous... il avait des fonds... de la fortune, et par-dessus le marché, il voulait de la gloire... de la considération... Il a attaché son nom à quelques entreprises colossales... une, entre autres, qu'il commence en ce moment... et où n'est pas admis qui veut.

DE KERNONEK.

Et laquelle?

LABOURDINIÈRE.

Ce n'est pas mon affaire... cela ne me regarde pas... mais d'après ce que j'ai entendu dire, cela va faire un bruit

dans Paris... sans compter que lui et les principaux actionnaires en retireront des bénéfices immenses... mais
ce n'est pas là ce qui vous touche... vous n'y tenez pas.

DE KERNONEK.

Pourquoi donc?... quand cela se rencontre... Et vous
dites que cette entreprise...

SCÈNE VIII.

LES PRÉCÉDENS, Mᵐᵉ DESPERRIERS, ESTELLE *.

AIR : *C'est moi* de Léocadie.

Mᵐᵉ DESPERRIERS, ESTELLE.

C'est lui, c'est lui, c'est lui,
  Mon père }
  Mon frère } est ici.
     Mon cœur
  Ignorait ce bonheur.
Oui, c'est lui, oui, c'est lui,
Près de nous le voici.

DE KERNONEK.

Ma sœur, ma fille ici,
  Eh quoi! vous ici!
     Mon cœur, etc., etc.

ENSEMBLE.

DE KERNONEK, *d'un air distrait.*

Bonjour, bonjour, ma sœur, ma chère enfant, je suis enchanté de vous voir. . j'arrive à l'instant, et vais monter
chez vous... mais je suis ici à causer d'affaires. (*Il passe auprès de Labourdinière.*)

Mᵐᵉ DESPERRIERS.

Déjà ?

DE KERNONEK.

Oui... une affaire importante... sur laquelle je voudrais
avoir des renseignemens... l'entreprise de M. Piffart.

Mᵐᵉ DESPERRIERS.

Comment! à peine arrivé... vous en avez déjà entendu
parler... Il paraît que c'est excellent.

LABOURDINIÈRE.

Admirable... Une entreprise par des puits artésiens.

---

* Labourdinière, Mᵐᵉ Desperriers, de Kernonek, Estelle.

Mme DESPERRIERS.

Ah! c'est cela!... je ne le savais pas; mais c'est égal, j'en suis; j'y ai pris des actions.

DE KERNONEK.

Vous, des actions?

Mme DESPERRIERS.

Certainement... j'en ai vingt-cinq.

DE KERNONEK.

Il est dit que ma sœur me préviendra en tout.

AIR de Oui ou Non.

Toujours elle arrive avant moi,
Ce fut toujours sa destinée :
Même en naissant... oui, sur ma foi,
Je suis cadet... elle est l'aînée.
Je l'ai regretté bien des fois.

Mme DESPERRIERS.

Ah! si c'est là ce qui vous blesse,
Je vous céderai tous mes droits
Pour n'avoir pas le droit d'aînesse.

DE KERNONEK.

Par malheur, cela ne se peut pas... mais ici c'est différent, et pour l'emporter au moins une fois en ma vie... je prends quarante actions.

LABOURDINIÈRE.

C'est bien.

DE KERNONEK.

Et nous verrons.

Mme DESPERRIERS.

Vous les prenez... c'est facile à dire... il faut qu'il y en ait et j'en doute.

DE KERNONEK.

Eh bien, ma chère sœur, on les paiera un peu plus cher... et voilà tout.

LABOURDINIÈRE, à part.

A merveille .. voilà qu'elles montent déjà... Eh! tenez, tenez... voici M. le directeur gérant. (Il rentre dans le cabinet de Piffart.)

SCÈNE IX.

Les Précédens, PIFFART *.

Mme DESPERRIERS.

Arrivez, mon cher voisin... voici monsieur qui prétend avoir des actions.

PIFFART.

Impossible, monsieur, il n'y en a plus, et à moins que vous ne trouviez quelque actionnaire qui veuille revendre...

Mme DESPERRIERS.

Ce n'est pas moi.

DE KERNONEK.

C'est désolant...

Mme DESPERRIERS, *d'un air triomphant.*

J'en étais sûre... et vous voyez bien, mon cher frère...

PIFFART.

Comment!... c'est monsieur votre frère... M. de Kernonek, ce riche propriétaire de Bretagne ?

DE KERNONEK.

Oui, monsieur... (*A part.*) En voilà un qui est aimable... il me connaît.

PIFFART, *passant auprès de M. de Kernonek **.*

C'est différent... La compagnie n'a plus d'actions, il est vrai ; mais moi, j'en ai quelques-unes à moi appartenant par l'acte de société... et je serai trop heureux de faire quelque chose pour le frère de Mme Desperriers.

DE KERNONEK, *s'inclinant.*

Monsieur, croyez que ma reconnaissance... Je prends quarante actions.

Mme DESPERRIERS, *à Piffart.*

Ah! çà, monsieur... c'est donc vraiment une affaire?..
(*Un domestique entre dans ce moment : il remet une lettre à Piffart.*)

PIFFART.

Voulez-vous bien permettre?... (*A part.*) C'est Gustave.

---

* M. de Kernonek, Mme Desperriers, Piffart, Estelle.
** De Kernonek, Piffart, Mme Desperriers, Estelle.

(*Lisant.*) « J'ai pris tous les renseignemens nécessaires...
» impossible d'établir des puits artésiens dans la plaine des
» Sablons...» (*S'arrêtant.*) Ah ! mon Dieu ! (*Continuant.*) « Tu
» verras par la note ci-jointe pour quelle raison, *et cætera.* »
(*Il froisse avec dépit la lettre entre ses mains, et dit à part.*)
Me voilà dans un bel embarras. (*A M. de Kernonek en af-
fectant un air riant.*) Vous dites donc que vous prenez quarante actions?

DE KERNONEK, *appuyant avec intention.*

Oui, monsieur ; oui, ma chère sœur, quarante, et j'en
prendrais davantage, si j'avais des fonds disponibles... si je
pouvais vendre ma belle propriété de la Guichardière...
des bois immenses, monsieur, qui valent deux millions,
et dont je ne peux trouver à me défaire pour moitié.

Mᵐᵉ DESPERRIERS.

Je le crois bien... au fond de la Bretagne... au milieu
des terres... à dix lieues des grandes routes... aucun débouché... vos coupes de bois vous restent sur les bras.

DE KERNONEK.

C'est faux...'(*A part.*) Ils pourrissent sur place.

Mᵐᵉ DESPERRIERS.

Demandez à vos voisins qui sont dans le même cas...
Tout est en vente chez mon notaire... personne n'en veut.

DE KERNONEK, *furieux.*

Ma sœur, c'est une indignité ; et je vous prie de ne point
déprécier ma propriété.

Mᵐᵉ DESPERRIERS.

Où est le mal ? personne ici ne veut l'acheter.

PIFFART, *vivement, et comme frappé d'une idée.*

Peut-être... (*Se reprenant.*) Je cherche du moins quelque
chose dans ce genre-là.

DE KERNONEK, *avec joie.*

Là !... (*A Mᵐᵉ Desperriers.*) Vous voyez, madame !...

PIFFART.

Soyez tranquille, je n'abuserai point de ce que je viens
d'apprendre. (*A part.*) Il n'y a que ce moyen-là de me sauver. (*Haut.*) Vous dites que cela vaut deux millions ?

DE KERNONEK.

D'après l'expertise que j'ai sur moi, et les impositions que je paie en conséquence.

PIFFART.

Peu importe... ce qui me paraît prouvé, c'est que vous ne pouvez en trouver que la moitié... Eh bien, moi, qui suis rond en affaires, et qui paie toujours comptant, madame vous le dira... (*A part.*) Allons, de l'audace, il n'en coûte pas davantage. (*Haut.*) Je vous en offre six cent mille francs.

DE KERNONEK, *avec joie.*

(*A part.*) Six cent mille francs!.. (*Haut.*) Monsieur, quelque envie que j'aie de conclure, je ne peux pas à moins de sept cent mille francs.

PIFFART.

J'ai fait mon prix... C'est à prendre ou à laisser.

DE KERNONEK.

J'entends à merveille... mais je tiens aux sept cent mille francs... Une partie de cette somme doit servir à la dot de ma fille.

PIFFART.

De mademoiselle votre fille... mademoiselle Estelle... c'est différent... Il y aurait moyen de tout concilier ; car je vous ai dit que j'étais accommodant... J'ai un ami... un associé, qui ne vous est point étranger... M. Gustave de Rennes, un jeune homme charmant.

ESTELLE.

M. Gustave ?

PIFFART.

Je vois que nous sommes en pays de connaissance... Oui, monsieur, c'est mon parent, mon protégé... (*A demi-voix.*) Et j'irai avec vous aux sept cent mille francs, peut-être même plus loin... si nous pouvons nous entendre à ce sujet.

DE KERNONEK.

Que dites-vous ?

PIFFART.

Passons dans mon cabinet... et comme cela regarde aussi Mme Desperriers, j'espère qu'elle voudra bien aussi nous accompagner. (*A Estelle.*) Je n'ose inviter mademoiselle à celle grave conférence... les gens d'affaires sont si ennuyeux... mais j'espère qu'elle voudra bien nous attendre ici. (*Bas à Labourdinière qui vient de rentrer, et qui se trouve à sa droite.*) Cours rassembler nos actionnaires ; dis-leur que je les attends. (*A part.*) Arrivera ce qu'il pourra... A la grâce de Dieu. (*Labourdinière sort.*) (*A M. de Kernonek, lui montrant le cabinet.*) Monsieur. (*Offrant la main à Mme Desperriers.*) Belle dame.

AIR des Comédiens.

TOUS.

Ah! quel bonheur! à peine il en existe
De comparable à celui que je sens.

DE KERNONEK , bas à Estelle.

J'ai mis dedans ce grand capitaliste ;
J'aurais vendu pour cinq cent mille francs.

Mme DESPERRIERS.

Tout, je le vois, réussit à mon frère.

PIFFART.

Ah! je le tiens.

DE KERNONEK.

C'est un double bonheur.

Je fais d'abord une excellente affaire,
Et puis je peux faire enrager ma sœur.

ENSEMBLE.

DE KERNONEK.

Ah! quel bonheur! à peine il en existe
De comparable à celui que je sens ;
J'ai mis dedans le grand capitaliste...
J'aurais vendu pour cinq cent mille francs.

PIFFART.

Ah! quel bonheur ! à peine il en existe
De comparable à celui que je sens ;
Lorsqu'en espoir on est capitaliste ,
Regarde-t-on à deux cent mille francs !

Mme DESPERRIERS.

Ah! quel dépit! à peine il en existe
De comparable à celui que sens !...
Quel homme heureux! quel grand capitaliste!
Donner ainsi les sept cent mille francs !

ESTELLE.

Ah! quel bonheur! à peine il en existe
De comparable à celui que je sens ;
J'aime déjà ce grand capitaliste...
J'aurai ma part des sept cent mille francs.

SCÈNE X.

ESTELLE, *puis* GUSTAVE.

ESTELLE.

Quel bonheur! quel bonheur! et quel honnête homme que ce M. Piffart! (*Apercevant Gustave.*) Ah! M. Gustave, vous voilà.

GUSTAVE.

Oui, mademoiselle... Qu'avez-vous donc? quelle joie brille dans vos yeux?

ESTELLE.

Jugez si j'ai raison d'être contente : mon père vient enfin de vendre sa terre en Bretagne sept cent mille francs.

GUSTAVE.

Je lui en fais compliment.

ESTELLE.

Et à moi aussi, je vous en prie... car cet argent-là doit servir en partie à ma dot.

GUSTAVE.

Il paraît qu'il est déjà question de votre mariage.

ESTELLE.

Oui, monsieur... et de mon mari aussi.

GUSTAVE.

Et vous pouvez m'annoncer une pareille nouvelle avec joie?

ESTELLE.

Bien plus, j'espère que vous la partagerez.

GUSTAVE.

Moi!

ESTELLE.

Oui, monsieur, sous peine d'être ingrat.

Air : *Bouton de rose.*

Je me marie,
Et si mon cœur en est ravi,
C'est que ce jour-là, je parie,
Vous, monsieur, vous direz aussi
Je me marie.

GUSTAVE.

Que dites-vous ?

ESTELLE.

Que cela vous regarde autant que moi ; car il y a un homme immensément riche, un grand capitaliste, qui vous aime, vous protége, qui s'intéresse à notre mariage.

GUSTAVE.

Pas possible.

ESTELLE.

Il nous fait cadeau de cent mille francs... et peut-être même de davantage.

GUSTAVE.

A moi ?

ESTELLE.

Oui, monsieur... C'est bien comme s'il vous les donnait.

GUSTAVE.

Et quel est cet être généreux... ce dieu tutélaire ?

ESTELLE.

Vous êtes chez lui.

GUSTAVE.

Piffart ?

ESTELLE.

Lui-même !... ce financier... ce millionnaire. Ah ! qu'il a raison d'avoir tant de fortune, puisqu'il en fait un si bon usage !

GUSTAVE, *se promenant avec agitation.*

Que le diable l'emporte !

ESTELLE.

Qu'est-ce que cela signifie ?... parler ainsi de votre parent, de votre bienfaiteur ?... un homme si aimable !

GUSTAVE.

Je ne dis pas que ce ne soit pas un bon parent... un bon garçon... je lui accorde tout ce que vous voudrez, excepté de l'argent... car il n'en a pas plus que moi...

ESTELLE.

Laissez donc... lui qui est à la tête d'une affaire superbe, où mon père a pris des actions.

GUSTAVE.

Que dites-vous ?

ESTELLE.

Et ma tante aussi... toute la famille...

GUSTAVE.

Les malheureux !

ESTELLE.

Lui, qui vient d'acheter comptant la belle terre de la Guichardière.

GUSTAVE.

O ciel ! celui à qui votre père a vendu...

ESTELLE.

C'est M. Piffart.

GUSTAVE.

Il a le diable au corps... il faut l'en empêcher.

ESTELLE.

Je m'en garderais bien... mon père est enchanté... c'est une affaire superbe.

GUSTAVE.

C'est sa ruine... Il ne sera pas payé, je vous l'atteste.

ESTELLE.

Que me dites-vous ?

GUSTAVE.

Pardon... c'est faire du tort à un ami ! c'est ruiner toutes mes espérances... mais vos intérêts avant tout... Prévenez votre père qu'il rompe le contrat... et quant à cette entreprise... j'ai pris des informations auprès d'honnêtes gens, des gens habiles... elle n'est pas possible.

ESTELLE.

O mon Dieu ! que m'apprenez-vous ?

GUSTAVE.

Je détruis vos rêves de fortune.

ESTELLE.

Ah ! ce ne sont pas ceux-là que je regrette le plus.

GUSTAVE.

Estelle ! il serait vrai !

ESTELLE.

On vient... on sort de ce cabinet. Je cours là-haut près de ma tante, près de mon père... Je profiterai pour eux de vos généreux avis... Adieu, M. Gustave... adieu. (*Elle sort par le fond.*)

SCÈNE XI.

GUSTAVE, *puis* PIFFART.

GUSTAVE.

Ah ! malheureux que je suis !

PIFFART.

A merveille... voilà ce que j'appelle une affaire terminée... C'est toi, Gustave... j'ai fait bien des choses depuis que je t'ai vu... j'ai acheté une terre magnifique.

GUSTAVE.

Il est donc vrai... cette terre de M. de Kernonek?...

PIFFART.

Ah! tu le sais déjà... les bonnes nouvelles se répandent vite... Eh bien ! mon ami, ce n'est rien encore... j'achète en même tems tous les biens environnans... Je viens d'envoyer pour cela chez le notaire chargé de la vente.

GUSTAVE.

Y penses-tu ?

PIFFART.

Pendant que j'y étais... et puis l'amour de la propriété me gagne... Vois-tu, mon ami, les chances de l'agiotage sont trop incertaines... il n'y a de solide que les biens fonds.

GUSTAVE.

Il a perdu la tête, c'est sûr.

PIFFART.

Par exemple, cela me coûte un peu cher... La Guichardière a elle seule me revient à sept cent mille francs... dont cinquante mille francs payables comptant aujourd'hui même.

GUSTAVE.

O ciel!

PIFFART.

M. de Kernonek l'a voulu; et c'est toi qui es cause de cela.

GUSTAVE.

Moi!

PIFFART.

Oui, il veut être en argent comptant pour le mariage de sa fille.

GUSTAVE.

Que veux-tu dire?

PIFFART.

Que je t'ai marié.... que tout est arrangé.... De plus je te dote... je te donne deux cent mille livres comptant.... dès ce soir...

GUSTAVE.

Et où les prendras-tu?

PIFFART.

Je t'en réponds; car maintenant mon affaire est sûre... ce n'est plus celle de ce matin.

AIR : *Vaudeville de la Chanson.*

Mon cher ami, c'en est une,
Où, tout en croisant les bras,
Nous devons faire fortune;
Et toi-même en conviendras,
Dès que tu la connaîtras.
Tout bénéfice... et d'avance
Déjà je l'éprouve ici...
Puisque tu vois qu'elle commence
Par le bonheur d'un ami.

GUSTAVE.

Grand Dieu!

PIFFART, *avec chaleur.*

Oui, cousin, je viens de changer à la hâte l'acte de société... j'ai vu Labourdinière à qui j'ai donné mes nouvelles instructions; car cet imbécile avait déjà parlé à vingt personnes de la plaine des Sablons; et j'ai en bas cinq expéditionnaires à qui j'ai donné de la besogne... En affaires il

faut de l'activité... D'un autre côté, la liste des souscrip-
teurs augmente... j'ai neuf cents actions demandées et
promises... Il s'agit maintenant de décider nos gens à les
prendre et à les payer.

GUSTAVE.

Peux-tu l'espérer encore ?

PIFFART.

Plus que jamais... J'attends nos principaux actionnaires,
et, grâce à cette acquisition qui doublera leur confiance,
tout doit maintenant nous réussir.

GUSTAVE.

C'est ce qui te trompe... on t'a trahi...

PIFFART.

Et qui donc ?

GUSTAVE.

Un malheureux qui, n'écoutant que son amour, s'est
rendu indigne de ton amitié.

PIFFART.

Y penses-tu ?... Silence!

SCÈNE XII.

LES PRÉCÉDENS, DE KERNONEK *.

DE KERNONEK, *d'un air ému.*

Je suis enchanté, monsieur, de vous trouver encore ici.

PIFFART.

Vous me trouverez toujours à vos ordres.

DE KERNONEK.

En ce cas, monsieur, je vous prie de me rendre ce papier qui ne signifie rien.

PIFFART.

Que voulez-vous dire ?

DE KERNONEK.

Qu'il ne faut pas croire, parce qu'on vient de province,

---

* Gustave, Piffart, de Kernonek.

parce qu'on est gentilhomme breton , qu'on se laissera du-
per comme un Limousin.

PIFFART , *avec fierté.*

Monsieur.

DE KERNONEK.

Je sais tout... j'ai tout appris... Vous avez acheté ma
terre sans avoir un sou pour la payer.

PIFFART.

Qui a osé vous dire ?...

DE KERNONEK.

Ma fille elle-même... qui le tenait d'une personne qu'elle
n'a pas voulu me nommer... mais cette personne vous
connaît certainement.

PIFFART , *bas et d'un ton de reproche , prenant la main de
Gustave.*

Ah ! Gustave !... pendant que je travaillais pour toi.

GUSTAVE , *à part, détournant la tête.*

C'est fait de moi.

PIFFART , *froidement, et se retournant vers M. de Kernonek.*

Vous vous destinez aux affaires , monsieur... Je me
permettrai, malgré votre âge, de vous donner un conseil ;
c'est de ne pas traiter aussi légèrement ni les hommes, ni
les choses... L'affaire est terminée, vous le savez bien.

DE KERNONEK.

Oui , mais comme le contrat n'est pas encore signé...

PIFFART.

Il y a sous seing privé , ce qui revient au même.

DE KERNONEK.

Eh bien, monsieur, puisque vous ne voulez pas rom-
pre ce marché , vous aurez la bonté d'en remplir les con-
ditions... Il est dit que , sur les sept cent mille francs, vous
m'en paierez cinquante sur-le-champ.

GUSTAVE.

O ciel!...

DE KERNONEK.

Il me les faut à l'instant même... ou je vous attaque...
en résiliation d'un marché frauduleux.

PIFFART , *froidement.*

Monsieur, il suffit, je vais vous les donner.

DE KERNONEK , *étonné.*

Que dites-vous ?

PIFFART , *à Gustave.*

Mon caissier... Qu'avez-vous là en portefeuille ?

GUSTAVE.

Moi !... ces six mille francs à vous.

PIFFART , *les prenant.*

Donnez-les moi... c'est bien... (*Les remettant à Kerno-nek.*) Voici d'abord six mille francs... Pour le reste, vous allez l'avoir à l'instant.

DE KERNONEK , *étonné.*

Il serait possible !

PIFFART.

Le tems d'envoyer à ma caisse.

GUSTAVE , *à demi-voix.*

Comment faire ?

PIFFART , *de même.*

Ils y sont... Mme Desperriers les a envoyés. (*Haut.*) Holà! quelqu'un.

SCÈNE XIII.

Les Précédens, Mme DESPERRIERS *.

GUSTAVE , *à part.*

Ciel ! Mme Desperriers.

Mme DESPERRIERS , *froidement.*

Pardon, mon frère... je vous dérange peut-être; mais j'ai à parler à monsieur en particulier.

PIFFART , *à M. de Kernonek.*

Monsieur veut-il bien permettre, et attendre jusque-là?

DE KERNONEK , *se retirant.*

Comment donc ? (*A part.*) Est-ce que ma fille se serait trompée?

_____

* Gustave, Piffart, Mme Desperriers , de Kernonek.

Mme DESPERRIERS, *bas à Piffart et l'emmenant au bord du théâtre.*

D'après ce que ma nièce vient de m'apprendre, monsieur... vous vous doutez bien que je renonce à mes actions.

PIFFART, *à part.*

Grand Dieu!

Mme DESPERRIERS.

Et comme heureusement vous ne les avez pas encore délivrées... je vous prie de vouloir bien me remettre les quarante-quatre mille francs que mon agent de change vient de vous donner sur votre reçu.

PIFFART.

Madame, j'ignore la cause... d'une pareille défiance... d'un pareil procédé... mais vous êtes bien la maîtresse.

GUSTAVE, *bas.*

Je sens une sueur froide qui me saisit.

PIFFART, *à part.*

Et moi donc... (*Haut à Mme Desperriers.*) Puisque vous l'exigez, je vais à l'instant... Ciel! tous mes actionnaires.

SCÈNE XIV.

LES PRÉCÉDENS, LABOURDINIÈRE, HARDY, TREM-BLIN, CRIFORT, CLAIRENET, DESPERTHES, AUTRES ACTIONNAIRES, UN DOMESTIQUE.

AIR : *Chantons gaîment la barcarolle.*

CHŒUR.

Il s'agit d'une bonne affaire,
Il s'agit de nos intérêts ;
En bons actionnaires
Nous accourons, nous sommes prêts.

(*Pendant le chœur, deux domestiques placent la table au milieu du théâtre.*)

PIFFART, *seul sur le devant de la scène.*

Cet imbécile, qui me les amène en ce moment.

(*Après l'entrée, et pendant la scène qui se dit sur le devant du théâtre, les actionnaires se reconnaissent, vont les uns aux autres, se saluent, se donnent la main.*)

PIFFART, *après avoir salué tout le monde, s'approchant de M. de Kernonek et de Mᵐᵉ Desperriers.*

Pardon, monsieur, pardon, madame... voici un mauvais moment pour régler nos comptes... mais c'est égal... (*Haut à un domestique.*) André, voici la clef de mon secrétaire... vous trouverez des papiers et un portefeuille en maroquin rouge que vous m'apporterez.

GUSTAVE, *bas à Piffart.*

Que veux-tu faire ?

PIFFART, *de même.*

Me défendre jusqu'à la dernière extrémité... et si le sort fait comme toi..... s'il me trahit...

GUSTAVE, *à part.*

Grand Dieu !

LE DOMESTIQUE, *s'approchant.*

Vous dites un portefeuille rouge ?

PIFFART, *avec impatience.*

Oui, à gauche... à côté d'une boîte en acajou... une boîte de pistolets. (*Bas à Gustave.*) Tu vois que j'ai le remède sous la main.

GUSTAVE, *à demi-voix.*

Et c'est moi qui serais cause... non... j'ai un moyen de te sauver... c'est 50,000 francs qu'il te faut... quand je devrais exposer tout ce que je possède... Dans une heure tu les auras, ou je te suivrai... tu peux y compter.(*Il sort.*)

PIFFART.

Je ne compte que sur moi.

SCÈNE XV.

Les Précédens, *excepté* GUSTAVE, *qui vient de sortir. Pendant l'a-parté de la scène précédente, des domestiques ont préparé des siéges autour de la table. M. de Kernonek, Mᵐᵉ Desperriers, et les autres Actionnaires qui étaient en groupes, vont s'asseoir. On va se placer à droite et à gauche, de manière que tout le monde soit assis quand Piffart se trouve à son bureau. — Il y a de tous les côtés des conversations particulières, un chuchotement qui cesse quand Piffart commence à parler. (Chut! silence!) Le Domestique s'approchant de Piffart lui présente le portefeuille et plusieurs papiers.*

PIFFART.

C'est bien... l'acte de société... les papiers relatifs. (*Bas à Labourdinière, qui se trouve à la droite.*) Tu sais ce dont nous sommes convenus?

LABOURDINIÈRE, *de même.*

Oui, monsieur.

PIFFART.

A ton rôle.

LABOURDINIÈRE.

Il est là. (*Il va se placer sur le devant à droite.*)

PIFFART, *à de Kernonek et à Mme Desperriers, leur montrant le portefeuille.*

Aussitôt la séance terminée, nous réglerons ensemble... faites – nous seulement l'honneur d'y assister... cela vous coûtera peu, et vous prouvera peut-être qu'on vous avait fait de faux rapports sur notre situation.

DE KERNONEK ET Mme DESPERRIERS.

Volontiers. (*Ils prennent place chacun à l'extrémité du cercle, Mme Desperriers à droite, M. de Kernonek à gauche. Labourdinière se place auprès de Mme Desperriers, M. Tremblin est derrière elle; Piffart va se mettre à la table qui est au milieu du théâtre ; à sa droite et à sa gauche sont les actionnaires rangés en demi-cercle, et sur plusieurs rangs ★.*)

PIFFART.

Messieurs... jamais les opérations commerciales et financières n'ont été hérissées de plus d'entraves et de plus de difficultés. Jamais plus de piéges n'ont été tendus aux capitalistes... plus d'appâts offerts à leur crédulité... plus de précipices ouverts sous leurs pas... Ce n'est donc qu'après avoir bien exploré au flambeau de l'expérience le point du départ... la route à parcourir... et surtout le but... que j'ose aujourd'hui, messieurs, vous rassembler chez moi, pour soumettre à vos lumières et à votre approbation une nouvelle entreprise.

Mme DESPERRIERS.

Qui, d'avance, est reconnue impraticable, je le sais. (*Un léger murmure qui augmente toujours et ne cesse que lorsque Crifort demande la parole.*)

★ Labourdinière, Mme Desperriers, Tremblin, Desperthes, Crifort, à droite ; de Kernonek, Hardy, Clairenet, à gauche.

PIFFART.

Qui vous l'a dit?

Mme DESPERRIERS.

Des gens qui s'y connaissent.

DE KERNONEK.

Et qui l'ont déclarée impossible.

TREMBLIN.

Permettez donc, messieurs, si c'est impossible, c'est bien différent.

HARDY, *qui est à gauche derrière de Kernonek.*

Qu'est-ce que cela fait?... il faut toujours voir.

TREMBLIN.

M. Hardy ne doute de rien.

HARDY.

Et M. Tremblin a toujours peur.

TREMBLIN.

Certainement; j'ai peur de ne pas gagner assez.

CRIFORT, *au fond et à droite, se levant et parlant très-haut.*

Messieurs, je demande la parole.

PIFFART.

Je ferai observer à M. Crifort que je n'ai pas encore expliqué l'affaire.

CRIFORT.

C'est justement pour cela, quelle qu'elle soit et sans la connaître, que je soutiens que l'on doit écarter les projets dispendieux, les projets ruineux... Voyez, messieurs, à Londres, le chemin sous la Tamise... c'est superbe... mais quelle dépense pour les actionnaires!

CLAIRENET, *à gauche.*

La dépense n'y fait rien.

HARDY.

M. Clairenet a raison.

CLAIRENET, *se levant.*

C'est le produit qu'il faut voir..... le résultat avant tout... Qu'est-ce qu'il nous en reviendra? et quel sera le dividende?... Le dividende, messieurs, voilà le grand mot.

TOUS.

Oui, oui, le dividende.

4

DE KERNONEK.

Eh bien, vous n'en aurez pas... car, moi qui connais l'entreprise, je soutiens que dans les puits artésiens on s'enfoncera, et qu'il n'y a pas d'eau à boire. (*Un murmure qui dure jusqu'à ce que tout le monde se lève.*)

TREMBLIN.

Ah! mon Dieu!

CRIFORT.

Il s'agit de puits artésiens... je ne donne pas là-dedans... et si je l'avais su, je n'aurais pas pris la peine de venir... je retire ma souscription.

TOUS, *se levant.*

Moi aussi, je demande la mienne.

AIR : *Non, non, je ne partirai.*

CHŒUR.

Non, non, morbleu, je n'en' veux point,
Je n'entendrai rien sur ce point.

PIFFART.

Ne jugez pas d'avance,
Un instant de silence.
Monsieur Crifort l'a pris si haut,
Qu'on n'entend rien.

TOUS.

   C'est ce qu'il faut.
Non, non, morbleu, je n'en veux point,
Je serai ferme sur ce point.

(*Après le chœur, beaucoup de confusion; on se mêle, on met son chapeau, on va sortir.*)

PIFFART, *criant au milieu du bruit.*

Et moi, messieurs; je demande la parole.

CLAIRENET, *qui est passé à la droite.*

Silence! messieurs, il faut l'écouter... écoutons...

TOUS.

Oui, oui... écoutons. (*Chacun va s'asseoir, sans qu'il soit nécessaire que ce soit aux mêmes places. Crifort se trouve à gauche auprès de Hardy, Desperthes à gauche, et Clairenet à droite; on s'assied sans précipitation, lentement.*)

PIFFART, *avec chaleur.*

On ne m'a pas même laissé développer l'entreprise que

j'ai conçue... et déjà on la dénature, ou la déprécie... je ne m'attendais pas à trouver ici des adversaires, des ennemis.

TOUS.

Oh! des ennemis.

PIFFART, *vivement.*

Oui, messieurs, des ennemis, tranchons le mot. Qui les a fait naître? les succès que j'ai obtenus... la fortune que j'ai déjà acquise... C'est un malheur, et je me résigne... mais je leur demanderai seulement comment ils peuvent critiquer d'avance un projet qu'ils ne connaissent même pas.

DESPERTHES, *à gauche, auprès de M. de Kernonek.*

Nous le connaissons.

TOUS.

Oui, oui, nous le connaissons.

DESPERTHES.

Il s'agit de convertir en prairie la plaine des Sablons.

CRIFORT, *de sa place, à gauche.*

On nous a tout raconté.

PIFFART.

Et qui donc?

CRIFORT.

Quelqu'un qui est dans votre intimité.

PIFFART.

Je vous défie de le nommer.

LABOURDINIÈRE, *avec fierté et se levant.*

Il est inutile de le demander... c'est moi, monsieur.

PIFFART.

Vous, monsieur, à qui, dans mes dernières opérations, j'ai fait gagner des sommes considérables! vous que je devais croire mon ami!

LABOURDINIÈRE.

Votre ami!... non, monsieur... je rends justice à vos immenses talens administratifs; à cette haute connaissance des affaires qui vous rend si fier, et que je ne nie point... je vous estime, en un mot... mais je ne vous aime point... et quelque tort que puissent me faire votre crédit, vos liaisons, vos puissantes protections... nous ne sommes pas ici

pour nous faire des complimens... nous y sommes pour
défendre nos intérêts, notre argent.

CLAIRENET.

Il a raison.

TOUS.

Oui... il a raison.

HARDY.

Je pense comme lui.

TREMBLIN.

C'est un homme qui n'a pas peur.

DESPERTHES,

C'est un bon citoyen.

LABOURDINIÈRE.

Si l'affaire était bonne, je le dirais... Avant de la connaître je la croyais telle; j'en ai parlé dans ce sens à plusieurs
de ces messieurs, qui peuvent l'attester.

TOUS.

C'est vrai.

DE KERNONEK.

C'est très-vrai... à moi tout le premier.

LABOURDINIÈRE.

Mais depuis ce matin, je l'ai examinée, je l'ai approfon-
die... je la trouve mauvaise, je la trouve détestable, et je
le dis... jamais les puits artésiens, qui, du reste, sont une admirable invention, ne pourront s'établir dans la plaine des
Sablons. (*Murmure général.*)

PIFFART.

Je vais répondre par un mot.

LABOURDINIÈRE.

Et moi, par des faits. (*Montrant des papiers.*) Voici l'avis
unanime de la compagnie Flachat... car je ne marche qu'a-
vec des preuves... lisez plutôt.

DESPERTHES.

C'est un actionnaire qui s'y entend.

TREMBLIN.

Et en qui on peut avoir confiance.

CLAIRENET, *qui a lu le papier.*

C'est évident... c'est décisif.

CRIFORT, *à haute voix.*

Il n'y a rien à répondre.

TOUS, *se levant.*

Rien à répondre.

PIFFART, *criant encore plus haut.*

Qu'un mot, messieurs, un seul mot... c'est qu'il ne s'a-git point ici de la plaine des Sablons... que je n'y ai jamais pensé, et que mon opération porte sur les forêts de la Bre-tagne.

TOUS.

Ah! comment!

DE KERNONEK ET Mme DESPERRIERS.

Qu'est-ce que vous me dites là?

DESPERTHES.

C'est bien différent.

TREMBLIN.

Je ne savais pas cela.

HARDY.

Il faut voir.

TOUS.

Il faut voir.

CRIFORT.

Messieurs, silence!... Il faut l'entendre.

PIFFART.

C'est ce que je demande depuis une heure.

CRIFORT.

Il fallait donc le dire.

(*Tout le monde se rasseoit et fait silence.*)

PIFFART.

Messieurs, vous savez, comme moi, à quel point ont ren-chéri les bois de construction et le bois de chauffage... pour ne parler que de ce dernier, et vous soumettre des chiffres qui soient à la portée de tout le monde... la voie de bois revient ici de trente-six à quarante francs... il y a des cantons en Bretagne où elle revient à cinq francs, et même à trois francs.

DE KERNONEK.

C'est vrai... je suis du pays.

TREMBLIN, *bas à M*me *Desperriers et à Labourdinière.*

Ce monsieur qui dit toujours *c'est vrai* a l'air de s'entendre avec lui.

LABOURDINIÈRE, *de même.*

C'est possible.

Mme DESPERRIERS, *vivement.*

Du tout, messieurs... c'est mon frère, un riche propriétaire de la Bretagne.

TREMBLIN.

Pardon, madame.

PIFFART.

Frappé de cette différence, qui pouvait amener d'immenses bénéfices, j'achetais depuis long-tems par-dessous main, et à très-bon compte, tout ce qui se trouvait à vendre dans ce pays... les domaines de Kerkado, de Kerkadek, de Versek, et de Lieusek.

DE KERNONEK.

Ah! mon Dieu!... tous mes voisins.

PIFFART.

Propriétés inconnues.. de plusieurs milliers d'arpens... Il me manquait un point central qui servît de base et de chef-lieu à mon exploitation... lorsque s'est présentée une occasion superbe que je me suis hâté de saisir... une terre qui vaut plus de deux millions, la superbe propriété de la Guichardière vient d'être acquise par moi pour sept cent mille francs.

DE KERNONEK.

Dieu! si je l'avais su.

TOUS.

Qu'est-ce donc?

DE KERNONEK.

C'est moi qui en étais propriétaire.

TOUS.

Vous, monsieur?

DE KERNONEK.

Eh oui, sans doute... C'est treize cent mille francs que je mets dans la poche de monsieur.

PIFFART.

Pardon, monsieur, je ne vous ai pas forcé de vendre...

C'est vous qui me l'avez proposé, et qui même étiez satis-
fait du prix.

DE KERNONEK.

Parce que je ne me doutais pas qu'il y eût spéculation.

PIFFART.

Je n'étais pas obligé de vous le dire... et ce secret,
même nécessaire à la réussite de mes projets, a donné nais-
sance à mille bruits divers, induit en erreur plusieurs de
ces messieurs, à commencer par M. de la Bourdinière qui
se croit si fin et si habile.

TOUS.

Ah! ah! ah!

LABOURDINIÈRE, *affectant la colère.*

Monsieur!

TREMBLIN, *à Labourdinière.*

Il est de fait qu'il l'est plus que vous...

(*Chuchotement des actionnaires, qui ont l'air de se moquer
de Labourdinière.*)

LABOURDINIÈRE.

Un instant, messieurs, un instant ; il faut voir... Je ne
nie pas qu'au premier coup d'œil l'affaire ne paraisse
magnifique et établie sur les bases les plus avantageuses...
mais cela ne suffit pas.

(*Nouveau mouvement.*)

TREMBLIN.

Il a raison, cela ne suffit pas.

DESPERTHES.

Il faut voir la fin.

CLAIRENET.

Le produit clair et net... ce que nous appelons le dividende.

TOUS.

Oui, oui, le dividende.

PIFFART.

Il ne me semble pas, messieurs, qu'il puisse être dou-
teux... Voici d'abord les sous seings-privés qui établissent
mes droits à ces propriétés... l'estimation de leur valeur
par experts, par le produit des impôts. (*Montrant les papiers
qui sont sur la table.*) Voyez, examinez, ainsi que les pros-

pectus lithographiés qui y sont joints… et c'est comme acquéreur d'immeubles de plus de trois millions que je viens vous proposer de vous associer à mes bénéfices… que je vous appelle comme actionnaires de la société en commandite dont je suis le gérant, et qui a pour but l'achat et l'exploitation générale des forêts de la Bretagne.

CRIFORT.

Cela me paraît fort beau.
(*Murmure de satisfaction.*)

DESPERTHES, *de même.*

A moi aussi.

LABOURDINIÈRE.

Attendons encore.

HARDY, *se levant.*

Attendre, pour que d'autres s'emparent de l'affaire… Qui ne risque rien n'a rien.

CRIFORT.

M. Hardy a raison.

HARDY.

En avant.

TREMBLIN.

Prenons garde.

DE KERNONEK, *se levant.*

Oui, messieurs, prenons garde… car moi aussi je suis actionnaire. J'ai quarante actions, et de plus, comme ancien propriétaire, je connais le terrain… On vous a dit, messieurs, que la voie de bois, qui coûte à Paris quarante francs… ne revenait chez nous qu'à cent sous ou trois francs : c'est vrai; mais pourquoi?

TOUS.

Oui, pourquoi?

DE KERNONEK.

C'est qu'il n'y a aucun débouché… aucun moyen de transport… La ville la plus proche est à huit ou dix lieues… il faut donc consommer sur place; et comme il y a chez nous plus de bûches que de consommateurs… on ne peut jamais tout brûler, et le bois est à rien.

TOUS.

Voilà.

PIFFART.

Parce qu'on ne sait pas l'utiliser, et c'est à quoi j'ai pensé d'abord. J'établis au centre de l'exploitation une fonderie en fer dont les produits seront immenses, vu le bon marché des combustibles et les besoins de la population.

CRIFORT.

Il a raison, c'est superbe.

HARDY.

C'est une affaire magnifique.

CLAIRENET.

Dans le genre du Creuzot.

LABOURDINIÈRE.

Cela ne paraît pas encore prouvé.

HARDY, *se levant.*

Parce que vous lui en voulez.

CRIFORT, *de même.*

Parce que vous êtes son ennemi, et que vous voulez nuire à la société.

TREMBLIN, *de même.*

Il y a toujours comme cela de faux frères.

TOUS.

C'est indigne.

LABOURDINIÈRE, *criant.*

Et les moyens de transport, puisqu'il n'y en a pas? (*Grand silence.*)

PIFFART, *à la Bourdinière.*

Comment, monsieur, que dites-vous?

LABOURDINIÈRE.

Les moyens de transport... puisqu'il n'y en a pas.

PIFFART, *de même.*

J'établis un chemin en fer qui ne nous coûtera rien, grâce à notre fonderie.

TOUS.

Il a raison.

HARDY.

Un chemin en fer... admirable.

CRIFORT.

C'est deux cents pour cent de bénéfice.

CLAIRENET.

Clair et net.

PIFFART.

Clair et net, année commune...

TOUS.

Année commune !

PIFFART.

Qu'avez-vous à répondre?

LABOURDINIÈRE.

C'est différent... je n'ai plus d'objections.

HARDY ET TOUS LES AUTRES.

C'est bien heureux.

LABOURDINIÈRE.

Monsieur, mon suffrage ne sera pas suspect... Le projet tel qu'il est maintenant me paraît une très-belle conception... et la preuve, c'est que je demande mes actions.

TOUS.

Moi aussi.

AIR: *Amis, voici le jour qui vient de naître.*

CHŒUR.

Avant qu'ailleurs le bruit ne s'en répande,
Dépêchons-nous, prenons des actions ;
A cent pour cent, il se peut qu'on les vende,
Nous pouvons tous gagner des millions.

HARDY.

Où les prend-on ?

PIFFART.

C'est en bas, à ma caisse.

CRIFORT.

Vous le savez, j'en ai trente.

PIFFART.

Oui, j'entends.

CLAIRENET.

Moi cent.

DESPERTHES.

Deux cents.

LABOURDINIÈRE.

Moi j'ai votre promesse,
Il m'en faut vingt.

Mme DESPERRIERS.

Que n'en ai-je trois cents!

CHŒUR.

Avant qu'ailleurs le bruit ne s'en répande,
Dépêchons-nous, prenons des actions ;
A cent pour cent, il se peut qu'on les vende,
Nous devons tous gagner des millions.

(*Ils entrent tous dans le cabinet de Piffart, qui y entre avec eux. Après la sortie des actionnaires deux domestiques emportent la table.*)

SCÈNE XVI.

Mme DESPERRIERS, *puis* GUSTAVE.

Mme DESPERRIERS, *suivant Piffart.*

Mes actions, monsieur... je garde mes actions... je les veux... (*Revenant.*) Laissons passer les plus pressés... Ce qui me fâche à présent c'est de n'en avoir que vingt-cinq, quand mon frère en a quarante... car dès demain, dès ce soir même elles vont monter... (*Apercevant Gustave qui entre pâle, en désordre, et va se jeter dans un fauteuil.*) Ah! notre jeune caissier... Il n'était pas à la séance... Si je pouvais... M. Gustave...

GUSTAVE.

Qui êtes-vous?... Que voulez-vous?

Mme DESPERRIERS.

Ah! mon Dieu! comme il est pâle! Calmez-vous... c'est moi qui désirerais...

GUSTAVE, *se levant.*

Quoi!... madame... vous!... (*A part.*) Ah! je n'ose lever les yeux.

Mme DESPERRIERS.

Vous avez deux cents actions rémunératoires... je l'ai vu dans le prospectus... il faut m'en vendre quelques-unes.

GUSTAVE, *égaré.*

Jamais... C'est impossible.

Mme DESPERRIERS.

Comment... pour la tante d'Estelle...

GUSTAVE, *à part.*

D'Estelle... Ah! malheureux!..

Mme DESPERRIERS.

Combien m'en cédez-vous?

GUSTAVE.

Non, madame, non... qu'il ne soit plus question de cela.

Mme DESPERRIERS.

Et pourquoi?

AIR *de l'Écu de six francs.*

GUSTAVE.

Vous êtes sans doute abusée,
C'est vous exposer, je le croi.

Mᵐᵉ DESPERRIERS.

Et si je veux être exposée !

GUSTAVE.

Il ne tient qu'à vous, sur ma foi ;
Mais ce ne sera pas par moi.

Mᵐᵉ DESPERRIERS.

Et quels scrupules sont les vôtres ?

GUSTAVE.

C'est vous tromper.

Mᵐᵉ DESPERRIERS.

C'est mon désir.

Etre trompée est un plaisir,
Surtout quand on le rend aux autres.

Et je revendrai à bénéfice... Mais je vois ce que c'est, vous
voulez gagner dessus.

GUSTAVE.

Moi, madame?

Mᵐᵉ DESPERRIERS.

C'est tout naturel... combien en voulez-vous? parlez...

GUSTAVE.

Je vous répète, madame, que je n'en veux rien... que je
les garde... et que vous ne les aurez à aucun prix.

Mᵐᵉ DESPERRIERS.

A aucun prix... qu'est-ce que je disais? Il faut donc que ce
soit monté à un taux...

SCÈNE XVII.

LES MÊMES, LABOURDINIÈRE.

LABOURDINIÈRE, *paraissant à la porte.*

Eh bien ! Mᵐᵉ Desperriers, vos actions... vous y re-
noncez ?

Mᵐᵉ DESPERRIERS.

Hein ! qui est-ce qui vous a dit cela ?

LABOURDINIÈRE.

Vous ne venez pas retirer vos coupons ? et déjà tout le monde les veut... elles sont aux enchères.

Mme DESPERRIERS.

O ciel! mes actions!... c'est une indignité... M. Gustave, je retiens toujours les vôtres, entendez-vous?... Mais d'abord, je cours sauver les miennes.

LABOURDINIÈRE.

Nous n'avons pas une minute à perdre. (*Ils sortent.*)

SCÈNE XVIII.

GUSTAVE *se jette dans un fauteuil, absorbé dans ses réflexions.*

Qu'ai-je fait?.. où me suis-je laissé entraîner !

SCÈNE XIX.

GUSTAVE, PIFFART.

PIFFART, *sortant de son cabinet.*

Victoire ! la fortune est sauvée, et l'honneur aussi.

GUSTAVE, *se jetant dans ses bras.*

Ah! mon ami !

PIFFART.

Eh bien... eh bien... qu'est-ce que cela veut donc dire ?

GUSTAVE.

Pour te tirer d'embarras... j'avais joué.

PIFFART.

Moi aussi.

GUSTAVE.

J'ai perdu... tout...

PIFFART.

Moi, j'ai gagné... tout le monde ne pouvait pas perdre... l'affaire est enlevée... toutes nos actions sont prises... elles sont payées, et qui plus est, par le plus grand des hasards, l'opération est superbe... elle est excellente, je t'en réponds.

GUSTAVE.

Il serait vrai !

PIFFART.

Il y en a tant de mauvaises... il faut bien que sur la quantité... les actions gagnent déjà, il y a dans ma cour une banque... un agiot... on dirait du temple de Plutus, ou du café Tortoni... Tiens, les entends-tu ?

SCÈNE XX et DERNIÈRE.

Les Précédens, DE KERNONEK, Mme DESPERRIERS, ESTELLE, tous les Actionnaires *.

AIR : *Amis, voici le jour qui vient de naître.*

CHŒUR.

Honneur à lui ! que Plutus le bénisse !
Je vois déjà doubler nos actions.
J'ai cent pour cent déjà de bénéfice ;
Quand vous voudrez, nous recommencerons.

PIFFART.

Tu les entends... Que Plutus me bénisse !...
Ils ont déjà doublé leurs actions...
J'ai cent pour cent pour moi de bénéfice ;
Quand je voudrai, nous recommencerons.

GUSTAVE.

Je crois rêver... la fortune propice
Vient me sourire ; après cette leçon,
J'ai cent pour cent pour moi de bénéfice...
Ah ! quel bonheur ! j'en perdrai la raison !...

ENSEMBLE.

GUSTAVE, à *Piffart.*

Mon cher ami.

DE KERNONEK, à *Gustave.*

Mon cher gendre.

ESTELLE.

Quel bonheur !

LABOURDINIÈRE, à *Piffart.*

Monsieur, toutes les actions sont placées.

---

* De Kernonek, Estelle, Gustave, Piffart, Labourdinière, Mme Desperriers.

PIFFART.

C'est juste, voici les vôtres.

LABOURDINIÈRE.

Merci. (*A part.*) J'ose dire qu'elles ne sont pas volées.

PIFFART.

Eh bien, mon ami, voilà une belle affaire... et maintenant, à une autre.

GUSTAVE.

Non, non, j'en ai assez... j'ai eu trop peur, et comme tu
disais ce matin : la roche Tarpéïenne...

PIFFART.

J'entends.

GUSTAVE.

Il faut bien de la sagesse, maintenant, pour se faire par-
donner un pareil bonheur.

PIFFART.

Laisse donc... avec de pareilles idées, tu végéteras toute
ta vie.

GUSTAVE.

Et toi, tu te ruineras.

PIFFART.

C'est possible... mais cela coûtera cher à bien du monde;
en attendant, voilà toujours plus de six cent mille francs
réalisés.

GUSTAVE.

Quoi! tu as vendu aussi?

PIFFART.

C'est plus prudent... on joue sur le velours; et quelque
belle que soit l'affaire... demain, sans doute, ces messieurs
en auront fait autant.

GUSTAVE.

Dis-moi donc, en fait d'actionnaires, quels sont ceux qui
gagnent?

PIFFART.

Ceux qui ne le sont plus.

REPRISE DU CHŒUR.

Honneur à lui! que Plutus le bénisse! etc., etc., etc.

FIN.

RÉPERTOIRE

DU THÉATRE DE S. A. R. MADAME,

PAR

MM. Scribe, Mélesville, G. Delavigne, Mazères, Bayard, Delestre-Poirson, Dupaty, Saintine, Varner, Decourcy, Devilleneuve, Francis, Brazier, Dupin, Carmouche, St.-Laurent, Dumersan, Chabot, De St.-Georges, etc.

GRAND IN-32,

Imprimé par CRAPELET, sur papier jésus vélin satiné.

Prix : 1 fr. la livraison.

CHAQUE PIÈCE SE VEND SÉPARÉMENT.

En Vente :

1. Le Mariage de Raison.
2. Michel et Christine.
3. La Lune de Miel.
4. L'Héritière.
5. La Demoiselle à Marier.
6. Le Charlatanisme.
7. Simple Histoire.
8. Rodolphe.
9. Le Coiffeur et le Perruquier.
10. La Quarantaine.
11. L'Ambassadeur.
12. La Belle-Mère.
13. La Mansarde des Artistes.
14. L'Intérieur d'un Bureau.
15. Le Baiser au Porteur.
16. Le Diplomate.
17. L'Auberge, ou les Brigands.
18. Une Visite à Bedlam.
19. La Loge du Portier.
20. Le Confident.
21. Les Premières Amours.
22. Le Secrétaire et le Cuisinier.
23. Un Dernier Jour de Fortune.
24. Vatel.
25. La Marraine.
26. Les Grisettes.
27. Le Médecin de Dames.
28. Les Femmes Romantiques.
29. La Haine d'une Femme.
30. La Maîtresse au Logis.
31. Le Mal du Pays.
32. Le Vieux Mari.
33. La Chatte.
34. Le Plus Beau Jour de la Vie.
35. Le Nouveau Pourceaugnac.
36. Les Adieux au Comptoir.
37. Les Elèves du Conservatoire.
38. Le Menteur Véridique.
39. La Demoiselle et la Dame.
40. Le Comte Ory.
41. Coraly.
42. Le Solliciteur.
43. Yelva, ou l'Orpheline Russe.
44. Le Bal Champêtre.
45. La Charge à Payer.
46. Les Manteaux.
47. Les Inséparables.
48. La Pension Bourgeoise.
49. La Vérité dans le Vin.
50. L'Oncle d'Amérique.
51. Le Baron de Trenck.
52. La Somnambule.
53. L'Ours et le Pacha.
54. Le Château de la Poularde.
55. Les Deux Précepteurs.
56. Le Dîner sur l'Herbe.
57. L'Ecarté, ou un Coin du Salon.
58. Partie et Revanche.
59. Le Mauvais Sujet.
60. Le Parlementaire.
61. L'Avare en Goguette.
62. M. Tardif.
63. Frontin Mari-Garçon.
64. La suite de Michel et Christine.
65. Le Ménage de Garçon.
66. La Nouvelle Clary.
67. Les Empiriques d'Autrefois.
68. Rossini à Paris.
69. Trilby, ou le Lutin d'Argail.
70. Le Bon Papa.
71. Le Fondé de Pouvoirs.
72. La Manie des Places.
73. Les Moralistes.
74. Malvina.
75. Théobald.
76. Mme de Sainte-Agnès.
77. La Bohémienne, ou l'Amérique en 1775.
78. Le Leycester du faubourg.
79. Le Plan de Campagne.

CHEZ
{ POLLET, *rue du Temple*, no 36.
{ HOUDAILLE et VENIGER, *rue du Coq-St.-Honoré*, no 6.
{ BARBA, *au Palais-Royal, galerie de Chartres.*